# BORDEAUX PANORAMIQUE

Yves Simone remercie Cécile Dantarribe
de sa précieuse collaboration.

Photographies de Pascal Moulin
Textes d'Yves Simone

# BORDEAUX PANORAMIQUE

Préface d'Alain Juppé

# PRÉFACE

Peut-on encore montrer Bordeaux différemment ? L'observer avec un regard nouveau, dans une nouvelle dimension ? Dans ce *Bordeaux panoramique,* on retrouve les lieux emblématiques de notre ville, représentés sous un angle si particulier qu'il faut parfois quelques instants pour les reconnaître alors qu'on les arpente tous les jours. Ce regard original, cette seconde de surprise à la découverte des photographies, fait toute la richesse et la spécificité de cet ouvrage.

Ces images sont également le résumé saisissant du projet urbain conduit depuis 1995 pour redonner à notre ville son attractivité et sa modernité, pour les Bordelais qui y vivent tous les jours, ou pour les visiteurs chaque année plus nombreux. En feuilletant ce livre, on a peine à se remémorer les façades noircies, les autoroutes en plein cœur de ville, les quartiers trop longtemps délaissés. Et pourtant...
Ce *Bordeaux panoramique,* c'est déjà le Bordeaux de demain. Car Bordeaux change tous les jours et nous ne sommes qu'au milieu du chemin : dans les prochaines années nous attendent les ponts Bacalan-Bastide et Jean-Jacques-Bosc, les nouveaux quartiers aux bassins à flot, Bastide-Niel et autour de la gare Saint-Jean, le parc des Berges tout au long de la rive droite, et bien d'autres projets encore.

Ce *Bordeaux panoramique,* c'est le Bordeaux que nous aimons.

ALAIN JUPPÉ
Maire de Bordeaux

Au commencement, il y a un fleuve... agité par les marées provenant du plus vaste estuaire d'Europe. La Garonne, décrivant une large courbe entre les coteaux de Lormont et de Floirac, grossie des rivières du Peugue et de la Devèze, forme un port naturel que l'on appellera le port de la Lune.

Les historiens ont longtemps daté la naissance de Bordeaux du IIIe siècle av. J.-C., avec l'installation de la tribu celtique des Bituriges Vivisques parmi les peuples aquitains. Tout dernièrement, lors des travaux de restauration du Grand Hôtel de Bordeaux, face au Grand-Théâtre, les archéologues ont montré qu'au VIe siècle avant notre ère, des habitations de bois forment déjà une agglomération s'étendant sur six à sept hectares.

À partir de ce noyau initial, les Romains bâtissent et baptisent la première véritable ville de Bordeaux : *Burdigala*. De ce nom à l'origine et à la signification toujours controversées découle l'appellation moderne de Bordeaux.
Entre le Ier et le IIe siècle ap. J.-C., la première cité romaine est une ville ouverte, de 130 à 150 hectares, qui a déjà des rues tracées sur des axes est-ouest et nord. De nos jours, on reconnaît ces axes à travers les cours de l'Intendance et du Chapeau-Rouge et la rue Sainte-Catherine, par exemple.
À la fin du IIIe siècle ap. J.-C., l'édification d'un puissant rempart clôt plus de 31 hectares tout en laissant un port intérieur situé à l'embouchure de la Devèze. Cette muraille dont les soubassements remploient dans leurs fondations des pierres de la première ville romaine fait l'orgueil du poète bordelais Ausone.

Si les Romains apportent la culture de la vigne, la première grande période pour le vin de Bordeaux, d'un point de vue commercial, se situe au Moyen Âge. Le nouveau mariage d'Aliénor d'Aquitaine avec Henri Plantagenêt, roi d'Angleterre, va changer les destinées de la ville. Bordeaux offre son vin, l'Angleterre lui vend sa laine, ses poissons salés... Le personnage qui symbolise le mieux cette alliance est Richard II, né sur les bords de la Garonne, le fils du Prince Noir, immortalisé par Shakespeare. Son baptême à la cathédrale Saint-André lui vaut le nom de Richard de Bordeaux.
Une grande partie de l'Europe du Nord fait venir son vin de Bordeaux et de l'arrière-pays (jusqu'à 100 000 tonneaux). La ville prospère ; une seconde enceinte est construite au XIIIe siècle, bientôt suivie d'une troisième, au XIVe siècle, et la cité s'étend désormais sur 70 hectares, englobant les quartiers Sainte-Eulalie, Saint-Michel, Sainte-Croix et les nouveaux couvents des faubourgs nord. C'est un premier âge d'or économique qui est aussi politique et diplomatique. En 1453, les Français entrent dans la cité. Bordeaux, ville indépendante et presque capitale d'un État indépendant, a vécu.

Dès la reprise de la ville par les Français, de nombreuses révoltes prolongées durant les XVIe et XVIIe siècles vaudront à la ville les trois forteresses du fort Louis au sud (place André-Meunier), du fort du Hâ à l'ouest (tribunal de grande instance) et du château Trompette au nord (place des Quinconces). Néanmoins, Bordeaux fait désormais partie intégrante du royaume de France dont elle suivra dorénavant le destin. La Renaissance voit l'arrivée de l'imprimerie dans les murs de la cité, et la création du collège de Guyenne qui comptera parmi ses élèves l'humaniste Michel de Montaigne.

Dans le faubourg des Chartrons, quartier des étrangers d'Europe du Nord, on construit des chais et des entrepôts pour les tonneaux de vin.

Bordeaux au XVIIIe siècle est le deuxième port du monde, après Londres, et connaît une prospérité légendaire. En obtenant le monopole du trafic avec les îles, le port devient une plaque tournante du commerce triangulaire.

Au XXIe siècle, la ville commence à assumer cette phase de son histoire, celle du trafic des esclaves noirs d'Afrique vendus par les rois africains et les marchands arabes aux planteurs blancs des îles à sucre. L'érection du buste de Toussaint Louverture, la pose de plaques commémoratives, l'organisation de manifestations sont autant de signes de reconnaissance de la douleur infligée à ces populations.

Le sucre de Saint-Domingue et de nombreuses épices, redistribués dans toute l'Europe, enrichissent considérablement la ville. La monarchie de Louis XV va envoyer à Bordeaux quelques-uns de ses plus grands intendants : Boucher, Tourny. Par un travail d'urbanisation méthodique, ces derniers vont transformer la ville médiévale en une ville moderne, pour en faire une cité classique par excellence.

C'est à l'intendant Boucher que l'on doit, malgré les réticences bordelaises, la démolition du vieux rempart côté fleuve pour offrir à la ville une place sur la rivière. Il soutient l'architecte du roi, Jacques Gabriel, qui souhaite donner à Bordeaux une place Royale à l'imitation de celle des Victoires de Paris. Il achève l'hôtel des Fermes en 1738 et celui de la Bourse est terminé en 1749, par son fils Jacques Ange Gabriel. La place Royale sert d'écrin à une statue équestre colossale de Louis XV, disparue à la Révolution.

L'intendant de Tourny poursuit l'œuvre esquissée en concevant l'extension de Bordeaux selon un plan cohérent : combler les fossés longeant les remparts, y planter des arbres et faire de ces pourtours autrefois nauséabonds des allées rectilignes, qui deviennent rapidement des lieux de promenade. C'est la création des cours, véritable ceinture de la ville, ponctués de places, que les Bordelais fréquentent encore aujourd'hui. Sur les quais également, Tourny s'emploie à faire disparaître la muraille médiévale pour lui substituer un projet grandiose : l'aménagement d'une façade uniforme sur plus d'un kilomètre. Au nord de la courbe, la façade des Chartrons participe à cette expansion urbaine et s'enrichit de nouveaux immeubles, à l'inverse, tous différents les uns des autres.

Afin de relier ces deux parties de la ville et de contourner la forteresse du château Trompette, Tourny aménage le Jardin public dont il veut aussi faire un lieu de promenade et de rencontres de négociants. Ce même public fréquente le Grand-Théâtre de Victor Louis, considéré comme un des plus beaux théâtres d'Europe de son temps.

Parallèlement, de nombreux parlementaires et négociants se font construire de splendides hôtels particuliers à travers toute la ville.

La Révolution et surtout l'Empire, avec son blocus continental, marquent un coup d'arrêt brutal à cette prospérité. C'est sous la Restauration que la ville ruinée va amorcer un lent réveil : commerce colonial, du vin, de la grande pêche ; trafic des Antilles réorienté vers l'Amérique latine...

Ce renouveau économique génère la reprise des projets d'urbanisme abandonnés depuis la Révolution. Inauguré en 1822, le pont de Pierre, avec ses dix-sept travées, amorce l'expansion de Bordeaux sur la rive droite. Outre la démolition du fort Louis, du fort du Hâ, du Vieux Marché, celle du château Trompette, envisagée sous Louis XVI, est menée à bien. Elle permet la création d'un quartier grandiose autour de la place des Quinconces, la plus grande place d'Europe de l'Ouest ! Ouverte sur le fleuve, elle est conçue à la manière des cirques romains et se termine par un hémicycle côté ville. En 1828, face à la Garonne, les colonnes rostrales sont surmontées, dans un goût à l'antique, des statues de Mercure et de la Navigation. Avec leurs ancres, leurs caducées et leurs proues de navire, elles témoignent de la foi que Bordeaux voue à son port.

C'est aussi l'époque où l'on dégage, aère, « réaligne », masque au besoin pour privilégier encore plus les façades. Ainsi disparaît une part importante du Bordeaux médiéval, au grand regret de Victor Hugo. En revanche, la parure monumentale du Bordeaux du XVIIIe siècle est complétée et prolongée par l'œuvre d'architectes et d'édiles nostalgiques du siècle d'or bordelais.

En outre, de grands équipements sont conçus dans la seconde moitié du XIXe siècle : l'hôpital Saint-André, le palais de justice, les facultés, les musées, les marchés, la gare d'Orléans, suivie de près par la gare du Midi.

Bordeaux, dont la population ne cesse de croître (90 000 habitants en 1801, 123 000 en 1851, 252 000 en 1891), a malgré tout perdu sa prééminence démographique sur les autres grandes villes de France. Néanmoins, la ville connaît un essor industriel fondé, entre autres, sur la construction de navires, la naissance d'une métallurgie et d'une industrie chimique.

Après la Première Guerre mondiale, une action municipale soutenue va entraîner une période intense de constructions. Le 1er août 1929, la ville adopte un plan de grands travaux d'où naîtront de nombreux équipements, réalisés en béton pour la plupart. Ainsi se succèdent les hangars des quais, la régie municipale du gaz, le stade, la piscine de la rue Judaïque, la Bourse du travail. Aussi moderne et novatrice soit-elle, cette architecture – Bordeaux oblige ! – est empreinte de classicisme et de sagesse.

L'architecture privée bordelaise, quant à elle, participe à la mode du style Art Déco, comme en témoignent le quartier du stade et de nombreux lotissements répartis autour des boulevards, bien que la vitalité du style néo-XVIIIe siècle persiste. Dans les années 1960, comme dans beaucoup d'autres villes de France, la construction de grands ensembles d'habitations s'impose dans le paysage urbain. De nouveaux ponts sont édifiés, le quartier du Lac est créé tandis que le vieux quartier Mériadeck est démoli pour laisser place, sur quatre hectares, à un complexe d'immeubles formant un îlot. Les Bordelais ont du mal à croire que ce quartier puisse être apprécié par les amateurs de l'architecture des années 1970... C'est pourtant le cas...

La création des 150 hectares du secteur sauvegardé a entamé une première phase d'embellissements et de restaurations de l'architecture du Bordeaux de l'âge d'or. Cette œuvre se poursuit avec le ravalement en continu des deux façades des quais et la réappropriation des rives du fleuve. Celle-ci est accompagnée de la création de jardins et du miroir des quais. L'arrivée du tramway a redessiné l'espace urbain et a rendu aux Bordelais et aux visiteurs ce que les connaisseurs qualifiaient déjà de « plus belle façade sur rivière en Europe ».

Ces efforts ont fini par être reconnus et récompensés à travers le classement de la ville de Bordeaux au patrimoine mondial de l'Unesco. Mieux, la moitié de la superficie de la ville de Bordeaux a été inscrite, ce qui (avec ses 1 800 hectares) en fait le plus vaste périmètre urbain distingué par l'organisation. La ville historique, dont son inégalable XVIIIe siècle mais aussi les boulevards, la cité du Grand Parc, le quartier Mériadeck, des banlieues de Bordeaux, unissent le moderne et l'ancien pour une noble et belle cause.

# LE PONT
# DE PIERRE

Le projet d'un pont sur la Garonne a plusieurs fois hanté les esprits éclairés du XVIII<sup>e</sup> siècle. Napoléon, devant les lenteurs du passage de la Grande Armée en route vers l'Espagne, ordonne sa construction en 1810. En fait, ce sont les riches négociants bordelais de la Restauration qui financent sa réalisation jusqu'en 1822. Avec ses 17 arches et ses 487 mètres de longueur, le pont de Pierre est une prouesse technique de l'ingénieur Claude Deschamps. En effet, ses piles ont dû s'imposer à la violence du fleuve et à la force des marées. S'il sépare dorénavant le port fluvial du port maritime, il relie Bordeaux à la rive droite, qui va bientôt devenir bordelaise.

# LA PLACE DE LA BOURSE

La place Royale, créée dans les années 1730, ouvre une brèche dans le rempart de la ville qui tournait, jusqu'alors, le dos au fleuve. Avec cette place, les Gabriel, architectes versaillais, apportent à Bordeaux le style classique français : toits à la Mansart en ardoises et bien sûr, les mascarons qui feront le tour de Bordeaux. À cette époque, la place se présente comme un balcon sur le fleuve : la Garonne est beaucoup plus proche qu'elle ne l'est aujourd'hui ; les quais n'existent pas encore. Débarrassée de ses voitures, en stationnement dans les années 1990, la place restaurée voit passer le tramway et attend toujours les bateaux...

## LE MIROIR D'EAU

Installé sur un hangar souterrain des années 1930, le miroir d'eau reflète les édifices de la place de la Bourse et donne à l'aménagement des quais une note de poésie, de magie et d'enchantement. En effet, toutes les 15 minutes, de nombreuses buses en aluminium font naître autant de geysers qui provoquent un « brouillard » évanescent. Des clapotis des petits aux clic-clac des grands, peu résistent au charme de cette création contemporaine, qui fait écho au symbole du classicisme bordelais.

## LE GRAND-THÉÂTRE

Achevé en 1780, après sept
années de travaux, le Grand-
Théâtre de l'architecte parisien
Victor Louis est le plus beau
monument de Bordeaux. Ses douze
colonnes colossales élevées
sur deux niveaux, surmontées
des douze statues des muses et
des déesses, sont une évocation
de l'Antiquité gréco-romaine,
fort en vogue à cette époque.
En plus de son rôle artistique,
il a logé l'Assemblée nationale
et le député Victor Hugo
en 1870 ; s'il reste le temple
de la musique et de la danse
classiques à Bordeaux, son
péristyle n'en est pas moins
le rendez-vous des adolescents,
des amoureux et le point de repère
incontournable des touristes.

## LES HANGARS

Construits pour abriter les marchandises dans l'entre-deux-guerres, à une époque où le port de Bordeaux était encore dans la ville, les hangars masquaient la vue sur la ville depuis le fleuve et la vue du fleuve depuis la ville. Ils ont perdu leur utilité à partir des années 1960. Depuis, certains ont disparu, libérant ainsi le panorama, enrichi du jardin des quais. D'autres ont été conservés, restaurés, réhabilités et abritent désormais des espaces conviviaux de commerce et de restauration. La longue promenade au bord du fleuve est ainsi devenue une des distractions bordelaises.

# LA PLACE DE LA VICTOIRE

Avec son arc triomphal, la place de
la Victoire, élevée sous l'intendant
Tourny au milieu du XVIIIe siècle,
a conservé plusieurs maisons à
programme : arcades, étages carrés
et toits mansardés en ardoise.
Rompant cette symétrie, le XIXe siècle
a percé de nouvelles rues et y a
installé la faculté de Médecine,
toujours dévouée aujourd'hui
aux étudiants... de sociologie.
Cette présence estudiantine se
maintient jusque tard dans la nuit...
La colonne pyramidale a le
mérite, pour la première fois à
Bordeaux, de rendre hommage...
au vin. Fallait-il y penser !

# LE COURS DU CHAPEAU-ROUGE

Descendant doucement vers le fleuve, le cours du Chapeau-Rouge présente à droite une succession d'immeubles construits entre le XVIe et le XXe siècles. Beaucoup plus homogène, le splendide alignement de l'îlot Louis lui fait face : même hauteur sommée par une identique balustrade, même façon de décorer le bel étage... Cet ensemble est édifié, à partir des années 1770, sur une vingtaine d'années, par les plus riches négociants de la ville. Enfin débarrassées de leur crasse et bénéficiant de nombreux aménagements, les façades nord et sud redeviennent dignes du Grand-Théâtre vers lequel elles conduisent, magistralement.

## LE JARDIN PUBLIC

Lorsque le XIXᵉ siècle réaménage
le Jardin public, celui-ci devient
un jardin pédagogique, didactique
et ludique : création du muséum
d'histoire naturelle, d'un jardin
botanique, d'un kiosque à musique,
d'une ferme modèle... C'est
aussi l'occasion d'instruire et
d'édifier les promeneurs en leur
présentant des statues des grands
hommes et des grands artistes,
bordelais de préférence : le peintre
Carle Vernet, les créateurs de
l'œnologie bordelaise Ulysse
Gaillon et Alexis Millardet...
La ville se devait aussi de rendre
honneur à Rosa Bonheur. Née
à Bordeaux, elle fut l'une des
personnalités les plus célèbres
de son temps. Peintre animalier
et femme émancipée, ses
tableaux font toujours la gloire
de grands musées américains.

# LA PORTE CAILHAU
## ET LES QUAIS

Les deux portes médiévales
subsistant à Bordeaux sont la Grosse
Cloche (XIIIe siècle) et la porte Cailhau.
Cette dernière, plus récente (fin
XVe siècle), est à la fois un ouvrage
défensif – inscrit à l'origine dans
l'ancien tracé du rempart – et un
arc de triomphe commémoratif.
Elle possède un assommoir, des
meurtrières, des mâchicoulis, mais
aussi des éléments Renaissance : la
statue de Charles VIII, des fenêtres
surmontées d'accolades...
Une gravure d'un artiste hollandais
du XVIIe siècle montre les barques
amarrées au pied de la porte Cailhau.
C'est dire si la Garonne a reculé !
Depuis le XVIIIe siècle, elle s'inscrit
dans la façade sud des quais, l'un des
ensembles architecturaux européens
les plus grandioses du siècle des
Lumières : tous les immeubles sont
de même hauteur et possèdent un
même toit d'ardoise, une même
architecture, un même décor... une
façade ordonnancée sans équivalent !

# LE JARDIN BOTANIQUE

Sur les friches industrielles de la Bastide est venu se créer un nouveau quartier : habitations, bureaux, université et jardin botanique. Cette longue bande de terrain a été l'occasion de réaliser des perspectives sur le nouveau quartier et d'innover en matière d'aménagement. Le jardin est découpé en six univers reproduisant les principaux paysages naturels de Gironde : des falaises calcaires de la rive droite jusqu'aux dunes de la façade atlantique. Ce jardin innovant rompt avec la tradition des jardins botaniques classiques. L'écologie, le développement durable et la pédagogie en sont les axes forts.

# LA PLACE DES QUINCONCES

Le monument des Girondins prend magistralement place au centre de l'hémicycle de la place des Quinconces dont on aime à rappeler qu'elle est la plus grande place d'Europe de l'Ouest... La présence d'une place aussi imposante dans le centre-ville d'aujourd'hui s'explique par l'existence antérieure d'une forteresse à la Vauban, qui marquait autrefois le nord de Bordeaux.

La place est aménagée entre les années 1815 et 1825. En 1830, les colonnes rostrales sont élevées pour ouvrir superbement l'esplanade sur le fleuve. Elles sont surmontées d'une statue de la Navigation et de Mercure, symbolisant le commerce. En 1858, deux statues monumentales rendent hommage aux philosophes bordelais Montaigne et Montesquieu. Du haut de sa colonne, le génie ailé tient de sa main droite les chaînes brisées, symbole de la liberté que la République souhaitait répandre sur le monde.

## LE MONUMENT DES GIRONDINS

Le monument des Girondins attend encore... ses Girondins. Faute de réalisation, les statues des députés girondins n'ont jamais pris leur place. Qu'importe ! Depuis la fin des travaux en 1902, les Bordelais appellent toujours « chevaux des Girondins » les quadriges et leurs extraordinaires allégories, dédiées à la République et à la Concorde. Ces animaux fantastiques ont, pour les uns, des pattes palmées et des queues de poissons, et pour les autres, des pattes griffues et des queues de dragons. Ils symbolisent la République ou la Concorde qui traverse les océans pour porter loin l'idéal de la IIIᵉ République conquérante ; la République est accompagnée des allégories de la Justice, de la Police, de l'École obligatoire... Disparus pendant l'Occupation, remis en place par le maire résistant Jacques Chaban-Delmas, ils sont restaurés par la municipalité actuelle.

# LA PLACE DU PARLEMENT

La place du Parlement, ancienne place du Marché-Royal, permettait de relier, à partir de 1750, la place de la Bourse à l'intérieur de la ville. L'ensemble, bien qu'achevé au XIXᵉ siècle, présente des élévations uniformes à trois niveaux : un rez-de-chaussée à arcades et deux étages carrés fortement séparés par des bandeaux ; le tout agrémenté de mascarons, d'agrafes et surmonté d'une balustrade.
La première place rénovée du vieux Bordeaux dans les années 1980 a attiré de nombreux restaurants qui, dès les premiers rayons de soleil, lui donnent l'ambiance d'une ville du Sud, loin de sa réputation de ville anglaise, froide et bourgeoise. C'est tout le quartier Saint-Pierre qui s'anime autour d'elle.

# LA GALERIE BORDELAISE

La Galerie bordelaise est bâtie entre 1830 et 1837, avec la fortune d'un petit-fils du vice-roi du Mexique. Sa sobriété extérieure contraste avec les effets du luxe mercantile accumulés à l'intérieur : colonnes de marbre aux chapiteaux dorés, pilastres en miroirs, luminaires... Cette « allée du commerce », tracée sur la diagonale d'un îlot, bénéficiait des commodités apportées par le progrès de l'époque : charpente métallique, éclairage au gaz, dispositif de protection contre les incendies... Attendant une restauration digne de sa beauté et de son histoire, la Galerie bordelaise reste une des réussites majeures de l'architecture néoclassique.

# LE PALAIS GALLIEN

Construit vers le début du III<sup>e</sup> siècle ap. J.-C., il est l'amphithéâtre de la ville où se déroulent les combats de gladiateurs et les autres jeux traditionnels antiques. Le palais Gallien doit son nom à une légende médiévale qui évoque l'édification d'un palais par Charlemagne pour son épouse Gallienna.

Bien que ruiné, le plan de l'édifice de forme elliptique est lisible dans sa totalité jusqu'à la Révolution. La vente du monument comme bien national a précipité son démantèlement ; des portions entières de celui-ci sont englobées dans des immeubles alentour et l'on ne voit aujourd'hui que la porte d'entrée et quelques arcades. Il est, malgré tout, le seul monument antique de *Burdigala* (du Bordeaux romain) encore visible.

## LA PLACE PEY-BERLAND

La place Pey-Berland, rendue aux
piétons, permet d'apprécier deux
monuments de Bordeaux :
la cathédrale Saint-André, romane,
gothique, Renaissance, en partie
achevée au XIXe siècle, et l'hôtel
de ville de Bordeaux, bâti avant
la Révolution pour être le palais de
l'archevêque Ferdinand-Maximilien
Mériadeck de Rohan.
Dépourvue de façade ouest,
la cathédrale concentre toute
sa décoration sur le portail nord
du XIVe siècle. Cependant, la porte
royale du XIIIe siècle rappelle que
le sanctuaire a accueilli les mariages
d'Aliénor d'Aquitaine et de Louis VII,
et d'Anne d'Autriche et de Louis XIII.
Avec son portique d'honneur,
séparant la rue de la cour
d'honneurle palais Rohan – avec le
Grand-Théâtre – est l'une des deux
grandes réalisations majeures à
Bordeaux, de la fin du XVIIIe siècle.

# LA CATHÉDRALE SAINT-ANDRÉ

La nef, large et unique, dont le flan nord a conservé les arcatures romanes en plein cintre est aujourd'hui couverte de voûtes d'ogives quadripartites, à liernes et tiercerons, d'époques différentes et plusieurs fois restaurées.
Ce vaisseau magistral et massif est prolongé par un chœur svelte et dont la cohérence frappe le visiteur dès le premier regard. Son indéniable élégance provient de la perfection de ses lignes architecturales aériennes, élevées entre la fin du XIIIe siècle et le milieu du XIVe siècle.

# LE TRIBUNAL DE GRANDE INSTANCE

Du fort du Hâ, il ne reste que deux tours de pierre intégrées de nos jours dans la cité judiciaire qui comprend : palais de justice du XIXᵉ siècle, école de la magistrature des années 1970 et sept tours de bois contemporaines, abritant les sept salles d'audience que comporte le tribunal de grande instance. Derrière leur enveloppe de verre, émergeant de leur ondulant toit de cuivre, ces coques de bois lévitent sur des coupoles de béton au-dessus de l'agitation de la rue. Elles veulent donner l'image d'une justice plus sereine et plus transparente. Ce bâtiment fait partie des réussites de l'architecture contemporaine à Bordeaux.

## LA PLACE
## CAMILLE JULLIAN

Le nom de Camille Jullian évoque
le spécialiste de l'histoire romaine,
à qui l'on doit la première *Histoire
de Bordeaux depuis les origines
jusqu'en 1895*, ouvrage fondé sur
les méthodes scientifiques et
archéologiques du XIXe siècle.
Le monument sur la place lui
est dédié. Il est constitué de
pierres de l'antique *Burdigala*,
découvertes dans le sol bordelais.
L'église Saint-Siméon a connu
un destin mouvementé. Après la
Révolution, on y érige une nef de
bateau qui servira pour une école de
marins. Un Bordelais la transforme
en usine de conserves et dépose,
en 1874, le brevet d'un système
d'ouverture facile pour les boîtes de
sardines ; hé oui, c'est un Bordelais
qui a inventé la clé à sardines !
Devenue un garage automobile,
l'église est métamorphosée dans
les années 2000 en cinéma d'art et
d'essai, l'Utopia, dont la présence
attire de nouveaux promeneurs.

# TABLE DES MATIÈRES